Nuur

on Love and its stages...

Saransh Gupta

BookLeaf Publishing

India | USA | UK

Made with ❤ on the BookLeaf Publishing Platform
www.bookleafpub.in
www.bookleafpub.com

Dedication

To life and its extraordinary unpredictability.

Preface

Never had I ever imagined penning down poetry, that too on melancholy.

Heartbreak was something I considered for the weak. On the contrary it is for the strong. The one that truly loves and cares has a possibility to have himself/herself get vulnerable and exposed. That is the true fearlessness.

Though it is not something I endorse anyone to find solace in. Nothing to be celebrated about a broken heart yet the emotion is very intriguing and difficult to comprehend.

So I thought of writing down the emotions that had been hijacking my daily routine for a while then.

The poems are arranged in an order that came naturally to me.

Acknowledgements

To the one!

Serendipity

Jise soch kar baitha tha ishq main,
Wo ishq nahi kuchh aur tha.

Ye dil ko tha malum nahi,
Mohabbat ka matlab hi kuchh aur tha.

Jaana to ye jab khanki pazeb teri,
Ki aahat sun kar bhi dhadkan badh sakti hai!

Jaana ki do aankhein hi,
Qayamat dha sakti hai!

Jaana ki sannata bhi,
zor se gunj sakta hai!

Jaana ki na mil kar bhi
Wo rubaroo ho sakta hai!

Initiation

Na tha kisi ka zor,
Na thi koi zabardasti.

Khud hi uthaya tha kadam,
Jis se bhula hu apni hasti.

Kuchh dil-e-nadaan ne hai fuslaya,
Kuchh uski adaa ka hai jaadu.

Pehli martaba ho raha hai,
Ye dil itna bekaabu.

Farak bhi samjhna mushkil sa lagta hai,
Darmeya haqiqat aur khwab ke.

Madhosh sa rehta hai ye banda,
Us ke ek-ek jawab pe.

Surprise

Is dil mein itna zor jaan kar,
Hai khud bhi ye hairaan.

Kehta hai darr lagta nahi,
Chahe muqable mein ho sara jahaan.

Mauj manata hai khul ke gaata hai,
Ye dil ko hai hua kya?

Kal tak tha jo bhatka-bhatka,
Wo gumrah ko raasta dikhata hai!

Meherbani rahegi tumhari.
Aksar ye hai kehta

Ki na aate tum to main bechara,
Ishq se anjaan rehta.

Praise

Na hai wo khushbu kisi baag mein,
Jo uski zulfo se aati hai.

Na tevar kisi aag mein,
uski chaal jo dhaati hai.

Na nuurr kisi sitare mein,
Jo uske chehre se hai chhalakta.

Na raunaq kisi mehfil mein,
Jo ek uske aane se aati hai.

"Pyar to use dekhte hi ho gya tha,
Ab to main us se dosti kar raha hu"

Zenith

Uska pyar hai badh rha kuchh is kadar,
Uski tasveer se maano dhundhli si hai nazar.

Meri khushi k liye ho kar beparvah,
Kitne shaunk mere poore kar gyi.

Paraye watan mein maano,
Eid man gyi!

Kisi waqt jo dil takrata tha dar-ba-dar,
Wo sukoon mein baitha hai jaise rajai odh kar.

Uska pyar hai badh chuka kuchh iss kadar,
Usko tasveer se maano dhundhli si hai nazar!

Delusion

Itna yaad kiya tujhe maine beeti raat
Ki suraj ne puchha, fir se nikal aau?

Muddato purane aain ko todh dikhau?
To kaha maine, ki ae mere aaftab...

Un nazuk haatho se jab malegi apni aankhein,
Us maathe par silwate jo aayengi

Us kamar ko modh uth kar wo baithe,
Us til se lihaaf jo wo hataegi

Din bhar ki itni mushaqat ke baad tuut gyi neend,
To chubhan is Dil ko hi aayegi!

Ja ae dost, kal subah waqt par aana.

Itminaan se jhuki palke uski,
Meri taraf se tu uthana.

Batayegi tujhe, yakeen hai mujhe
Ki akeli nhi thi wo bhi.

Hothon par uske dekh muskan,
Aaya tha sapne mein main ye samajh jana!

Endeavour

Koshish karta hu use kar du be-haal kisi tarah,
Mere pyar mein nihaal kisi tarah.

Par in baaton mein bhi kab chali koi tarqib?
Badshah raato raat kaha bante garib?

Jitni karo mushaqat utni duur si wo jaati lagti hai,
Band to sau, khule muh to baat aadhi nikalti hai.

Haaye! mushkil hai jaan na filhal,
Ki chalta kya hai us paar.

Nikalti hai wo kamre se to,
Kambakht ye jaan meri kyu nikalti hai?

Revenge

Haa thaan liya hai dil ne aaj,
Bithayi jayegi tu kidhar.

Kona jismein mehkega,
Guroor aur afsos ka laal itra.

Guroor jo mujhe hai khud par,
Aur afsos iss halaat par.

Aaunga tere paas bass utna,
Jaise chhaye baadal aasman par.

Chha jaunga dil par tere,
Yaad karegi tu mujhe.

Dhundhegi mere nishan,
Raaho par ankhein bandh kar.

Na de kar diya dard jo tune,
Uska bhi ilaj hai mil chuka.

Dost banunga tera,
Par yaar nhi aitbaar kar!

Haa mujh par aitbaar kar!

Drift

Kehti hai tum kuchh nhi samjhte,
In faslo ko in taqleefo ko, tum nhi samjhte.

Sirf ishq hi kya sab kuchh hota hai?
Duniyadari ki zimmedari tum nhi samjhte.

Kya lena dena tumhe karobar se?
Ashiqi ke paimane se insaan nahi parakhte.

Na samajh se mera koi vasta nahi.
Jao tumhe khud ke alawa, koi chahta nahi.

Doubt

Wo pehli jaisi mujh mein abadi nahi dikhti,
Uske sawaalo se ghir chuka hu main.

Jo haunsla deta tha usko,
Wo khud dhundh raha hu main.

Na jaane kis se dar raha hu,
Kahi use kho to nahi chuka hu main?

Dismay

Wo na nhi karti,
wo haa nhi karti.

Wo beparwah dil mein,
Jagah nhi karti.

Humse hi bulwa kar,
Judai ka misra.

Wo faisle se pehle,
Sulah nhi karti

Seperation

Ghar ke liye nikal aaya main,
Par raasta bhatkaata raha.

Chup chaap ki wapasi maine,
Lekin dil chillata rha.

Sun leta gar koi,
To kya padhta faraq?

Jise pukaar raha tha yeh,
Woh muh chhipata raha.

Beseech

Hum ek sawaal kar le.
Fir se aitbar kar le?

Nazar andaz guzre saal kar le?
Dafn ye malaal kar le?

Dil mein ek mashaal kar le?
Is aag mein khudko behaal kar le?

Kyu na fir se kamaal kar le?
Aao hum pyar kar le.

Mortgage

Ajkal wo uparwale tak se,
Daleel karta hai,

Badle mein girwi,
Apna zameer rakhta hai.

Kaun samjhaye ise,
Ki beparwah hai wo,

Haar nahi manta,
Bohot zaleel lagta hai!

Helplessness

Sabse pehle ek vada karte hai,
Hum ab kabhi nahi milte hai.

Tum kisi aur ki ho jana,
Main bhi koshish karta hu.

Tum nyi yaadein banana,
Main bhi koshish karta hu.

Tum uske liye tohfe laana,
Main bhi koshish karta hu.

Tum dil se usko gale lagana,
Main bhi koshish karta hu.

Tum usko yaad bohot aana,
Main bhi koshish karta hu.

Tum mujhe bhul jana,
Main bhi koshish karta hu.

Defeat

Kab tak baahein faelaaye rakhta,

Kab tak aansu chhipaye rakhta,

Ab to Nazar se bhi duur ja chuki thi wo,

Kab tak khud ko bewakoof banaye rakhta.

Rationale

Usne kabhi,
Kuch manga nahi,

Mangti kaise?
Kuch aur dene ko tha hi nahi.

Bangla, gaadhi, asharfiya,
Shayad chahti thi wo.

Mere paas waqt dil aur ruh ke siva,
Kuch tha bhi nahi.

Itni adakari nahi thi aati mujhe,

,

Uski kahani mein kirdaar,
Nibha nahi paya.

Acceptance

Meri baat,
Ab wo kaha karti hogi?

Sapne mein bhi na dikh Jaye,
Ye dua karti hogi.

Ek dua hum bhi karte,
Apne aap se duur chalte hai.

Jeet gyi wo kiski nazro mein,
Ye nahi pata.

Lekin hum apni haar,
Qubool karte hai.

Circle

Ab ye sochta hu ki khushi gar laut aayi,
To beetein hue ghamo ki ahmiyat na kam ho jaaye.

Un kashmakash bharein lamho ki haisiyat na kam ho
jaaye,
Un chuppi bhare palo ki aahat na gum ho jaaye.

Wo sanjidagi mein liye gye faisale na dafn ho jaye,
Un akeli raato ka saath na khatm ho jaye.

Ye duniya bhi shayad ek pal mein sab bhula degi
Jo hona tha wahi hua keh kar,

Intiha kashmakash ko,
Qismat karar degi!

Wisdom

Kuchh aisa haal kiya hai zindagi ne,
Ki na ab sardi na dhup ki chubhan lagegi.

Tum bhi gar chali gyi karke apna khaas,
To ye baat bhi kuchh aam si lagegi!

Kisi ko paane ki ab main khwahish nhi karta,
Khud gaa deta hu farmayish nhi karta

Wajeh aur bhi dhundh li hai muskurane ki maine,
Mohabbat apna leta hu, aazmayish nhi karta.

Rekindle

Koi shaks duur sa jata dikhta hai,
Peeche se mere hi jaisa lagta hai.

Na jaane kis taraf ko badhaa raha hai kadam apne,
Khud ka raah banane ko firta hai.

Ek nayi si lau chamakti hai uski aankho mein,
Bohot kuchh dekh chuka lagta hai.

Lagta hai wo hosh mein aa jayega,
Farsh ko arsh bana dikhayega.